Agricultura y ganadería de Texas

Víctor Edgardo Galván Vargas

ROSEN en ESPAÑOL

Nueva York

TEKS for Spanish

Agricultura y ganadería de Texas (Agriculture and Cattle in Texas)

With this book, readers will understand how geography influences economic activities. They will also identify the factors affecting the location of different types of economic activities, including subsistence and commercial agriculture, manufacturing, and service industries. Readers will also explore the relationship between population growth and modernization on the physical environment, as well as the roles of governmental entities and private citizens in managing the environment.

Published in 2017 by The Rosen Publishing Group
29 East 21st Street, New York NY 10010

Agricultura y ganadería de Texas (Agriculture and Cattle in Texas)

Copyright©2017 by The Rosen Publishing Group
All rights reserved. No part of this book may be reproduced in any form without permission in writing from the publisher, except by a reviewer.

Rosen en Español

Nathalie Beullens-Maoui, **Director, World Languages**
Víctor Edgardo Galván Vargas, **Author**
R Studio T, **Designers**

Library of Congress Cataloging-in-Publication Data
Names: Galván Vargas, Víctor Edgardo.
Title: Agricultura y ganadería de Texas /
Víctor Edgardo Galván Vargas.
Description: New York : Rosen Publishing, 2017. |
Series: Explora Texas | Includes index.
Identifiers: ISBN 9781508175995 (pbk.) |
ISBN 9781508176008 (library bound)
Subjects: LCSH: Natural resources--Texas--Juvenile literature. |
Economic development--Texas--Juvenile literature. |
Texas--Economic conditions--Juvenile literature.
Classification: LCC HC107.T4 G35 2017 |
DDC 333.709764--dc23

Photo Credits
On the cover: jennifermecca2013/Thinkstock.com; p. 4-5 RoschetzkyProductions/Shutterstock.com; p. 5 Caleb Holder/Shutterstock.com (top), Hein Nouwens/Shutterstock.com (bottom left), Happy monkey/Shutterstock.com (bottom right); p. 6 Zeljko Radojko/Shutterstock.com; p. 7 Carlos D Pavletic/Shutterstock.com (top), science photo/Shutterstock.com (center), Merkushev Vasiliy/Shutterstock.com (right); p. 8 photka/Shutterstock.com (top), Trong Nguyen/Shutterstock.com (bottom); p. 9 Adha Ghazali/Shutterstock.com (top), Russell Graves/Passage/Getty Images (bottom); pp. 10-11 David Litman/Shutterstock.com; p. 11 MikeDotta/Shutterstock.com (top), Richard Thornton/Shutterstock.com (bottom); p. 12 Catchlight Lens/Shutterstock.com; p. 13 N_u_T/Shutterstock.com (left), patrimonio designs ltd/Shutterstock.com (right); p. 14 oceanfishing/Shutterstock.com (top), Yuriy Vlasenko/Shutterstock.com (bottom); p. 15 Monkey Business Images/Shutterstock.com (top), Trong Nguyen/Shutterstock.com (bottom); pp. 16–17 Salvador Aznar/Shutterstock.com; p. 17 Creative Nature Media/Shutterstock.com (top), chsfoto/E+/Getty Images (bottom); p. 18 Yuri_Arcurs/DigitalVision/Getty Images; p. 19 neftali/Shutterstock.com (top), Everett Historical/Shutterstock.com (bottom left), sherwood/Shutterstock.com (bottom right); p. 20 Bruce Rolff/Shutterstock.com (top), Avlana/Shutterstock.com (bottom); p. 21 Katherine Welles/Shutterstock.com (top), T photography/Shutterstock.com (bottom); p. 22 ESB Professional/Shutterstock.com (top), Mr.Exen/Shutterstock.com (bottom).

Contenido

Agricultura y ganadería en Texas

La agricultura y la ganadería son actividades muy antiguas y están presentes en todas las culturas. La civilización surge cuando inician la agricultura y la ganadería, junto con otras actividades como la caza y la pesca. De manera particular, en el estado de Texas, estas actividades cobran mayor trascendencia a mediados del siglo XIX.

La agricultura se ocupa del cultivo de la tierra y la ganadería de la crianza de los animales. Estas actividades constituyen una base para la economía de cualquier sociedad. En la economía clásica, la agricultura y la ganadería forman parte del sector primario, junto a la **silvicultura** y la **minería,** en donde la transformación de la materia prima es mínima.

La eficaz sistematización de los procesos en la agricultura y la ganadería, coloca a Texas como uno de los principales productores del país. Su rápida evolución se debe, en gran medida, a la técnica de explotación de tipo "plantación", así como a la fecundidad de sus suelos.

Los cultivos más importantes del estado son los cereales, el algodón y frutas como la sandía, el durazno y la uva. En la ganadería, Texas tiene el mayor número de ganado **ovino** y **caprino** del país.

La explotación de estas actividades económicas es principalmente de tipo familiar, pero su organización interna es similar a la de una empresa. Su producción se destina al mercado nacional o internacional y no al consumo familiar.

¡Qué interesante!

Los restos más antiguos de plantas cultivadas aparecen en el Oriente Próximo hacia el año 9000 a. C.

Cosas que puedes encontrar en un rancho

árboles frutales	hortalizas
azada	hoz
cabaña	jaulas
capataz	molino
carretillas	motocultor
corrales	paja
cosechadora	pastizales
criadores	plaguicidas
cultivos	pozo
establos	rastrillo
fertilizantes	recolectores
fumigantes	sistema de riego
gallineros	tractor
ganado	trapiche
granero	vallas
guadaña	veredas
hachas	veterinarios

Vocabulario

caprino referente a las cabras.

minería trabajo en minas relativo a la extracción de metales y minerales.

ovino relativo a las ovejas.

silvicultura cultivo de los bosque o montes.

El algodón es uno de los principales productos agrícolas de Texas.

El ganado caprino es uno de los principales en Texas.

Y algo más...

La agricultura se practica desde el año 7000 a. C.

Tecnología en la agricultura de Texas

El **incremento** en la demanda de alimentos provenientes de la tierra, deja a un lado los procesos artesanales de la agricultura. Para cubrir las necesidades de alimentación mundial, la ciencia juega un papel importante, pues contribuye a un mejor rendimiento de las zonas destinadas a la producción de víveres.

Los avances tecnológicos, mecánicos y científicos son una gran ventaja. Gracias a esto, la agricultura estadounidense se coloca como una de las más rentables e importantes del mundo.

El uso de nuevas tecnologías establece un equilibrio entre el terreno, los productos que se cultivan y los **fertilizantes** que otorgan mayores beneficios. Un ejemplo es el uso de programas computacionales para el riego de grandes extensiones de cultivos. Estos programas permiten utilizar, con mayor eficiencia, los recursos hidráulicos del estado de Texas.

El uso de semillas mejoradas o manipuladas genéticamente, también es un factor determinante para el desarrollo de la agricultura en Texas.

Los avances tecnológicos logran una mayor producción a un menor costo, así se obtiene un mayor beneficio económico para los **agricultores.** Además, con ello se logran cosechas más abundantes y más resistentes a las plagas, los climas extremos, las sequías o las inundaciones.

La tecnología es importante en el proceso de producción agrícola.

Las nuevas tecnologías contribuyen a desarrollar mejores fertilizantes.

Vocabulario

agricultores personas que se dedican a la agricultura.

fertilizantes sustancias orgánicas o inorgánicas que contienen nutrientes que mejoran la calidad del suelo.

incremento aumento en cantidad o calidad.

El desarrollo agrícola se beneficia con el uso de semillas mejoradas genéticamente.

Y algo más…

Las sembradoras y tractores de Estados Unidos cuentan con localizadores GPS que los guían con precisión por el terreno.

Los avances tecnológicos ayudan a tener mejores cosechas.

Productos agrícolas de Texas

En el estado se **siembran** distintas frutas como melón, manzana, sandía, moras, arándano, pera, ciruela, fresas y cítricos, como limón y naranja. También se cosechan productos de hortalizas como zanahoria, betabel, lechuga, tomate, papa, brócoli, apio, espinaca y coliflor, entre muchos otros productos.

La variedad de productos agrícolas en Texas es muy amplia, pero éstos se encuentran disponibles por **temporadas**. Las frutas dulces como las manzanas se consumen en los meses de junio a noviembre; las moras, en los meses de abril a junio; los arándanos, de mayo a julio; y las fresas, de marzo a abril. Las naranjas son más jugosas entre el mes de octubre y el mes de abril. En tanto que los duraznos se pueden encontrar de abril a agosto.

Se pueden hacer muchos productos a partir del frijol de soya.

¡Qué interesante!

El frijol de soya no se cultiva en Estados Unidos hasta la década de 1950, remplazando a la avena y al trigo.

Las moras son frutas de temporada en los meses de abril a junio.

De igual forma, las verduras o productos de hortaliza tienen periodos de **consumo** y venta para los habitantes del estado. Sólo las zanahorias, la col y los tomates de invernadero están disponibles durante todos los meses del año.

El Departamento de Agricultura de Texas asegura que las frutas y verduras cultivadas sean naturales, saludables y llenas de pasión texana.

Vocabulario

consumo utilización de alimentos o productos para satisfacer una necesidad.

siembran arrojar y esparcir las semillas en la tierra para hacer crecer un cultivo.

temporadas varios días, meses o años que se consideran aparte formando un conjunto.

La zanahoria y los tomates se cultivan durante todo el año.

Y algo más…

El tiempo de vida de una semilla para germinar depende de la especie. Puede ir de unos días a décadas.

El suelo de Texas permite sembrar diferentes productos por temporadas.

Los trabajadores del campo

Los trabajadores del campo o agricultores son importantes para el desarrollo de la agricultura en el estado de Texas. Muchos vienen de otros estados y hasta de otros países.

Por realizar una actividad trascendente, el estado emitió la Ley para la Protección de los Obreros Agrícolas Migratorios y de Temporada. Ésta protege los derechos mínimos de los agricultores migrantes y de temporada.

La ley dicta normas de empleo como: **salarios**, vivienda, transporte y el uso de datos personales. También obliga a los **contratistas** de agricultores a que se inscriban en el Departamento de Trabajo de Estados Unidos.

Algunos individuos y organizaciones agrícolas, como las **pequeñas empresas,** las operadoras y distribuidoras de semillas, empresas tabacaleras, los sindicatos y sus empleados, no tienen que cumplir con esta ley.

Un problema común es la vivienda para los agricultores. Para resolverlo existen instituciones que otorgan donaciones a agricultores, tribus de pueblos indígenas dedicadas a la agricultura, empresas agrícolas familiares, organizaciones no lucrativas y asociaciones de trabajadores agrícolas. Esta ayuda permite comprar, contruir, renovar o reparar las viviendas. Los agricultores pueden contar con condiciones básicas de vivienda o mejorar su situación actual.

Vocabulario

contratistas que realizan una obra o prestan un servicio por contrato.

pequeñas empresas empresas independientes con cierto límite en su número de integrantes.

salarios paga o remuneración regular.

Existen instituciones que ayudan a los trabajadores con lugares para vivir.

Se crean leyes para la protección de los trabajadores agrícolas.

EN BREVE

El régimen de propiedad agrícola es privado y su explotación directa por parte de su propietario.

Ganado Brahman Americano

El ganado tipo Brahman Americano se desarrolla a finales del siglo XIX y principios del siglo XX por los **ganaderos** del país. Los ganados Angus, Hereford y Shorthorn, son ricos en sabor pero no resisten las particularidades de la región. En cambio, el ganado Brahman Americano resiste el calor, la humedad, los insectos y las enfermedades.

Este ganado se crea en Estados Unidos, entre 1854 y 1946, mediante la cruza de cuatro **razas** de ganado: Guzerat, Nelore, Gyr y Krishna Valley.

Por su sabor, calidad y resistencia a los ambientes extremos de calor y humedad, el Brahman se **comercializa** en más de 60 países del mundo.

Las ventajas económicas de este ganado se observan en la eficiencia reproductiva. Los terneros se destetan a temprana edad y con buen peso. Respecto a su longevidad, las hembras de esta especie tienen una vida reproductiva de hasta un 50% más que las de otras especies; también son famosas por proteger a sus crías del peligro. La producción de leche resulta otro factor de ventaja pues producen hasta un 44% más que las vacas europeas. Finalmente, la resistencia a enfermedades e insectos las hacen las favoritas para las praderas texanas.

Vocabulario

comercializa pone un bien o producto para su venta.

ganaderos personas dedicadas a la ganadería. Dueños de ganados.

razas cada uno de los grupos en que se subdividen algunas especies biológicas y cuyos caracteres diferenciales se perpetúan por herencia.

¡Qué interesante!

Un Brahman Americano pesa de 1764 a 2425 lb. (800 a 1100 kg) en su edad adulta.

El peso de un Brahman Americano al nacer, es de entre 66 y 84 lb. (30 y 38 kg). Las hembras adultas pesan entre 1213 y 1433 lb. (550 kg y 650 kg).

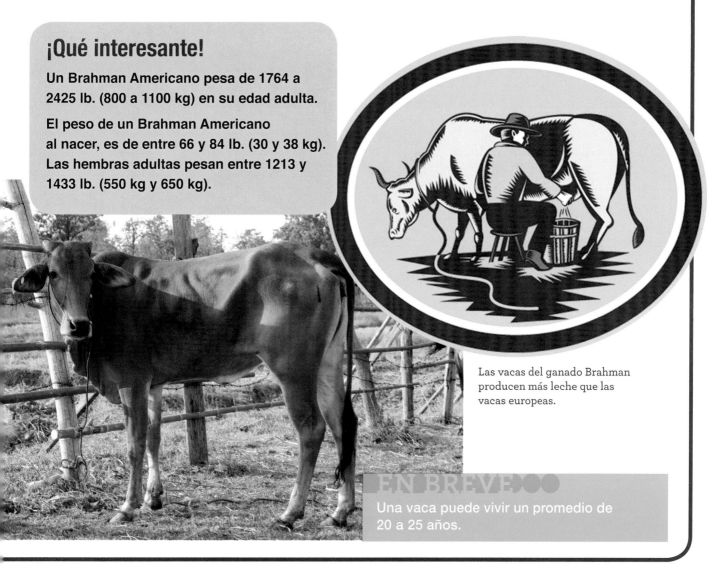

Las vacas del ganado Brahman producen más leche que las vacas europeas.

EN BREVE

Una vaca puede vivir un promedio de 20 a 25 años.

Departamento de Agricultura de Texas

El Departamento de Agricultura de Texas es un órgano estatal que regula la aplicación de políticas agropecuarias. Esta agencia asegura y **verifica** que se cumplen las leyes y reglamentos federales y estatales.

El departamento se establece en 1907, por la legislatura del estado de Texas. Su sede se encuentra en el condado de Austin, aunque tiene oficinas en todo el estado.

Los productos agrícolas están certificados.

Funciones del Departamento de Agricultura de Texas:

● **Protección al consumidor:** certificar que los productos sean producidos conforme a las leyes estales y federales.

● **Producción agrícola:** brindar apoyo económico a **productores** con las tasas de interés bajo.

● **Vida saludable:** combate la obesidad mediante campañas estatales que combinan la educación, el ejercicio y la alimentación.

● **Desarrollo económico:** atraer empresas al estado y buscar nuevas oportunidades de desarrollo económico.

● También difunde noticias y eventos relacionados con la agricultura, otorga subvenciones y servicios a los agricultores de Texas. Además, establece programas regulatorios, y otorga licencias y registros. Brinda alimentación y nutrición de manera asistencial, fomenta la educación y la **capacitación** de los productores texanos, y difunde informes y publicaciones relacionados con sus actividades.

Vocabulario

capacitación disposición y aptitud para aprender técnica o mecánicamente un proceso.

productores personas que generan un bien o servicio para otro.

verifica comprueba o examina la verdad de algo.

El Departamento de Agricultura en Texas organiza actividades para promover sus productos.

Y algo más…

Estados Unidos forma parte del Acuerdo sobre la Aplicación de Medidas Sanitarias y Fitosanitarias que establece las reglas básicas sobre inocuidad de los alimentos, salud de los animales y preservación de los vegetales.

Ganadería en Texas

La ganadería es una actividad muy antigua. Consiste en el manejo y **domesticación** de animales con la finalidad de generar productos de aprovechamiento personal y comercial.

En Texas, la ganadería surge a mediados del siglo XIX. Después de la Guerra Civil, los habitantes se establecen en distintos puntos del estado y crían su ganado para consumo personal y la venta de carne en las llamadas haciendas o **ranchos** abiertos. Las **haciendas** representan el origen de las grandes empresas ganaderas de la actualidad.

En el estado de Texas, se practican de manera indistinta ganadería intensiva y ganadería extensiva. La ganadería intensiva usa espacios cerrados, como establos para el criadero y engorda de los animales. En tanto que la ganadería extensiva aprovecha los recursos naturales de los ranchos ganaderos, principalmente el pastoreo.

Puercos, aves, asnos, conejos, cabras, borregos y hasta elefantes se utilizan en la ganadería. Dependiendo de la especie de animales domesticados, se obtienen distintos productos de alta calidad. Por ejemplo, carne y leche para el consumo humano y pieles, cueros y lana para la elaboración de prendas y ropa de trabajo.

La ganadería y la agricultura están muy relacionadas debido a que ambas actividades son del sector primario de la economía.

La ganadería intensiva en Texas.

Vocabulario

domesticación acostumbrar a la presencia del hombre.

haciendas fincas agrícolas.

ranchos lugares fuera de poblado, donde se albergan diversas familias o personas, generalmente dedicadas a la ganadería y la agricultura.

Ejemplo de ganadería extensiva en Texas.

¡Qué interesante!

El ganado se enferma de lóbado, leucosis, tuberculosis, vómito, paratuberculosis, mamitis, brucelosis, gripe o fiebre aftosa, tos, o sangre en la orina.

Y algo más…

Los vaqueros de Texas marcan su ganado con hierro candente.

El *Cowboy* o vaquero

El *cowboy* es uno de los símbolos más representativos de Texas.

Después de casi 200 años, la presencia de los ganaderos es muy importante. Aquellos que se dedican a esta actividad económica, se les llama *cowboys* o vaqueros. La figura del vaquero es muy apreciada, querida y **admirada** por toda la nación, particularmente por los texanos.

El vaquero o *cowboy* es **personaje** principal del llamado wéstern o Lejano Oeste, corriente que va desde la literatura, hasta el cine y la televisión. Como personajes secundarios, al vaquero le acompañan: apaches, siux, comanches; los bandidos, los apostadores, los hombres de negocio y los **defensores** de la ley como comisarios o alguaciles. Su vestimenta es copia de los arreos y avíos de los ganaderos mexicanos del siglo XIX.

Algunos vaqueros del pasado conocidos son Nate Champion (1857-1892); Charles Goodnight (1836-1929); Nat Love, popular por Deadwood Dick (1854-1921); Charlie Siringo (1855-1928) y John Wesley Hardin (1853-1895) criminal al que se le hace responsable de cuarenta muertes.

Las actividades diarias del *cowboy* actual, son distintas del vaquero del siglo XIX. Como parte de su trabajo, ayudan en todas las actividades del rancho: usan el tractor para labrar la tierra, reparan, construyen bardas, supervisan la **crianza** del ganado. Incluso el uso del caballo para arrear al ganado es cosa del pasado, para eso hoy se usan helicópteros.

El Lejano Oeste es un tema recurrente en el cine.

Vocabulario

admirada objeto o persona que causa asombro.

crianza alimentación y cuidado de los animales.

defensores quienes defienden o protegen algo o a alguien.

personaje persona de distinción, calidad e importancia en la vida pública; puede ser real o ficticio.

La figura del *cowboy* cambia con el tiempo y la tecnología.

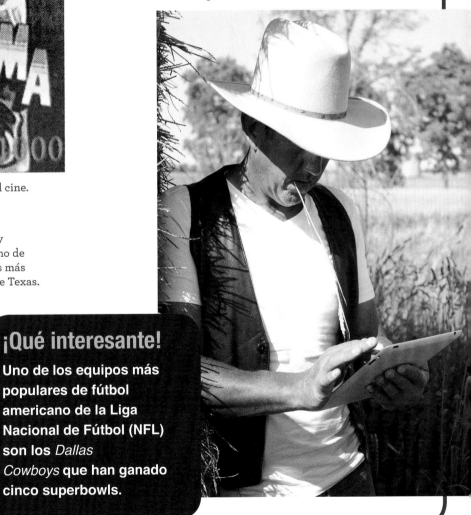

John Wesley Hardin es uno de los vaqueros más conocidos de Texas.

¡Qué interesante!

Uno de los equipos más populares de fútbol americano de la Liga Nacional de Fútbol (NFL) son los *Dallas Cowboys* que han ganado cinco superbowls.

La ingeniería genética es importante para la ganadería en Texas.

Ciencia y ganadería en Texas

Igual que en la agricultura, la ciencia y la educación no están alejadas de la ganadería en el estado de Texas. La aplicación de nuevos métodos para la crianza y producción de ganado da buenos resultados.

El uso de la ingeniería **genética** es polémico, sobre todo por parte de las asociaciones protectoras de los derechos de los animales. Estos métodos modifican algunos genes de las especies animales para producir mejores características alimenticias u optimizar la producción.

A través de la ingeniería genética, el 22 de diciembre de 2001, los científicos de la Facultad de Medicina Veterinaria de la Universidad de Texas A&M, crean el primer animal **clonado** doméstico, un gato llamado "CC".

"CC" es el primer animal clonado en Texas.

La Universidad de Texas A&M, también es la primera institución académica que clona seis especies diferentes de animales: vacas, una cabra Boer, cerdos, un gato, un ciervo y un caballo.

Además, los avances científicos permiten el uso de los ranchos ganaderos y extensiones de tierra para la generación de energía eólica. Esta tecnología también permite la extracción de agua de mantos acuíferos, sin la necesidad de energía eléctrica o de combustión.

Para muchos "este es el matrimonio más cercano entre dos industrias: la del viento y la de la ganadería".

Vocabulario

clonado organismo vivo producido a partir de otro.

genética parte de la biología que trata de la herencia y rasgos de las especies de generación en generación.

La Universidad de Texas A&M es la primera institución en clonar especies animales.

La energía eólica tiene un gran desarrollo en el estado.

Profesiones de la agricultura y la ganadería

La botánica es una especialización de la agricultura.

La medicina veterinaria en Texas es una actividad importante.

Aunque la agricultura y la ganadería son actividades muy antiguas, se requiere mayor **especialización** para mejorar la productividad. Diversas universidades del estado de Texas ofrecen estudios de diferentes niveles académicos vinculados a la agricultura y la ganadería.

En la agricultura se tienen profesiones como la botánica, que estudia la vida de las plantas en todos sus estados, o la ingeniería agrícola que mejora el rendimiento de los recursos naturales.

En la ganadería, profesiones como la zootecnia, se ocupan de la cría, mejora y explotación de los animales, mientras que la medicina veterinaria se encarga de la prevención, control y salud de los animales.

Vocabulario

especialización acción y efecto de especializar o especializarse.

Glosario

admirada objeto o persona que causa asombro.

agricultores personas que se dedican a la agricultura.

capacitación disposición y aptitud para aprender técnica o mecánicamente un proceso.

caprino referente a las cabras.

clonado organismo vivo producido a partir de otro.

comercializa pone un bien o producto para su venta.

consumo utilización de alimentos o productos para satisfacer una necesidad.

contratistas que realizan una obra o prestan un servicio por contrato.

crianza alimentación y cuidado de los animales.

defensores quienes defienden o protegen algo o a alguien.

domesticación acostumbrar a la presencia del hombre.

especialización acción y efecto de especializar o especializarse.

fertilizantes sustancias orgánicas o inorgánicas que contienen nutrientes que mejoran la calidad del suelo.

ganaderos personas dedicadas a la ganadería. Dueños de ganados.

genética parte de la biología que trata de la herencia y rasgos de las especies de generación en generación.

haciendas fincas agrícolas.

incremento aumento en cantidad o calidad.

minería trabajo en minas relativo a la extracción de metales y minerales.

ovino relativo a las ovejas.

pequeñas empresas empresas independientes con cierto límite en su número de integrantes.

personaje persona de distinción, calidad e importancia en la vida pública; puede ser real o ficticio.

productores personas que generan un bien o servicio para otro.

ranchos lugares fuera de poblado, donde se albergan diversas familias o personas, generalmente dedicadas a la ganadería y la agricultura.

razas cada uno de los grupos en que se subdividen algunas especies biológicas y cuyos caracteres diferenciales se perpetúan por herencia.

salarios paga o remuneración regular.

sembrar arrojar y esparcir las semillas en la tierra para hacer crecer un cultivo.

silvicultura cultivo de los bosques o montes.

temporada espacio de varios días, meses o años que se consideran aparte formando un conjunto.

verifica comprueba o examina la verdad de algo.

Índice

Sitios web

Debido a que los enlaces de Internet cambian a menudo, Rosen Publishing ha creado una lista de los sitios Internet que tratan sobre el tema de este libro. Este sitio se actualiza con regularidad. Por favor, usa este enlace para ver la lista: **www.rosenlinks.com/ExploraTexas/Agricultura.**